I0845297

ALLES, WAS DU SUCHST, IST BEREITS IN DIR.

DAS GLÜCK LIEGT NICHT IN DEN DINGEN, ES LIEGT IN UNS.

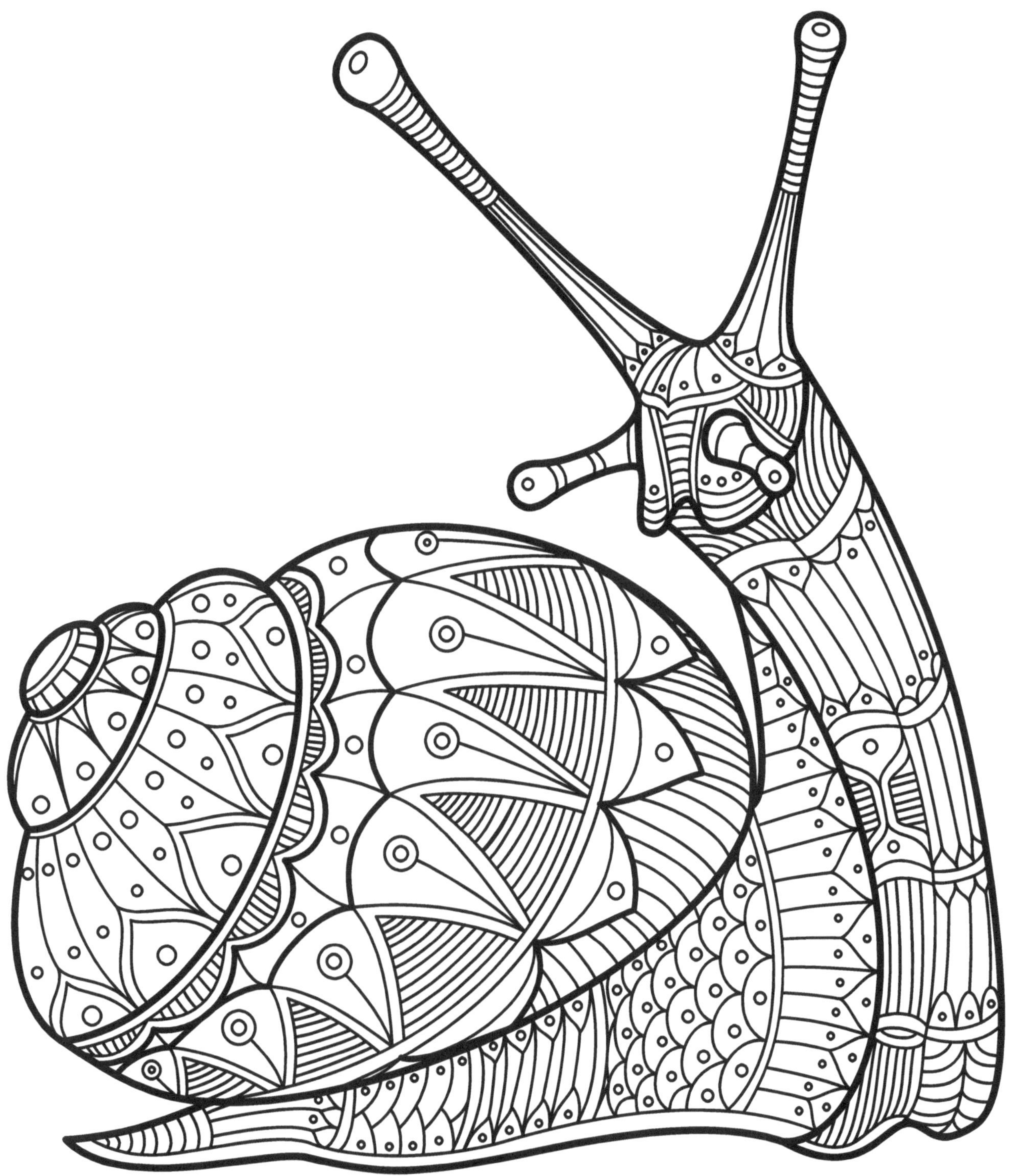

ES IST OKAY, EINEN SCHRITT ZURÜCKZUTRETEN UND NEU ZU BEGINNEN.

JEDER TAG
IST EIN
KLEINES
LEBEN.

Lass los, was du nicht kontrollieren kannst, und finde Frieden im Hier und Jetzt.

ACHTSAMKEIT IST DIE KUNST, IM EINKLANG MIT SICH SELBST ZU SEIN.

DIE RUHE

BEGINNT DORT,

WO DIE SORGE

ENDET.

IM HIER UND
JETZT IST
ALLES, WAS
DU JEMALS
BRAUCHST.

In der Stille finde ich meine innere Stärke.

SEI STILL. SEI
ACHTSAM.
DIE
ANTWORTEN
KOMMEN
VON SELBST.

Auch diese
Herausforderung
wird
vorübergehen.

DIE
SCHÖNHEIT
DES
LEBENS
LIEGT IM
DETAIL

Ich erlaube mir, im Moment zu sein und einfach zu sein.

Jeder Tag ist ein kleines Leben.

Gelassenheit ist der Schlüssel zu innerem Frieden.

Der Weg ist das Ziel.

MIT JEDEM ATEMZUG LASSE ICH ANSPANNUNG LOS UND FINDE RUHE.

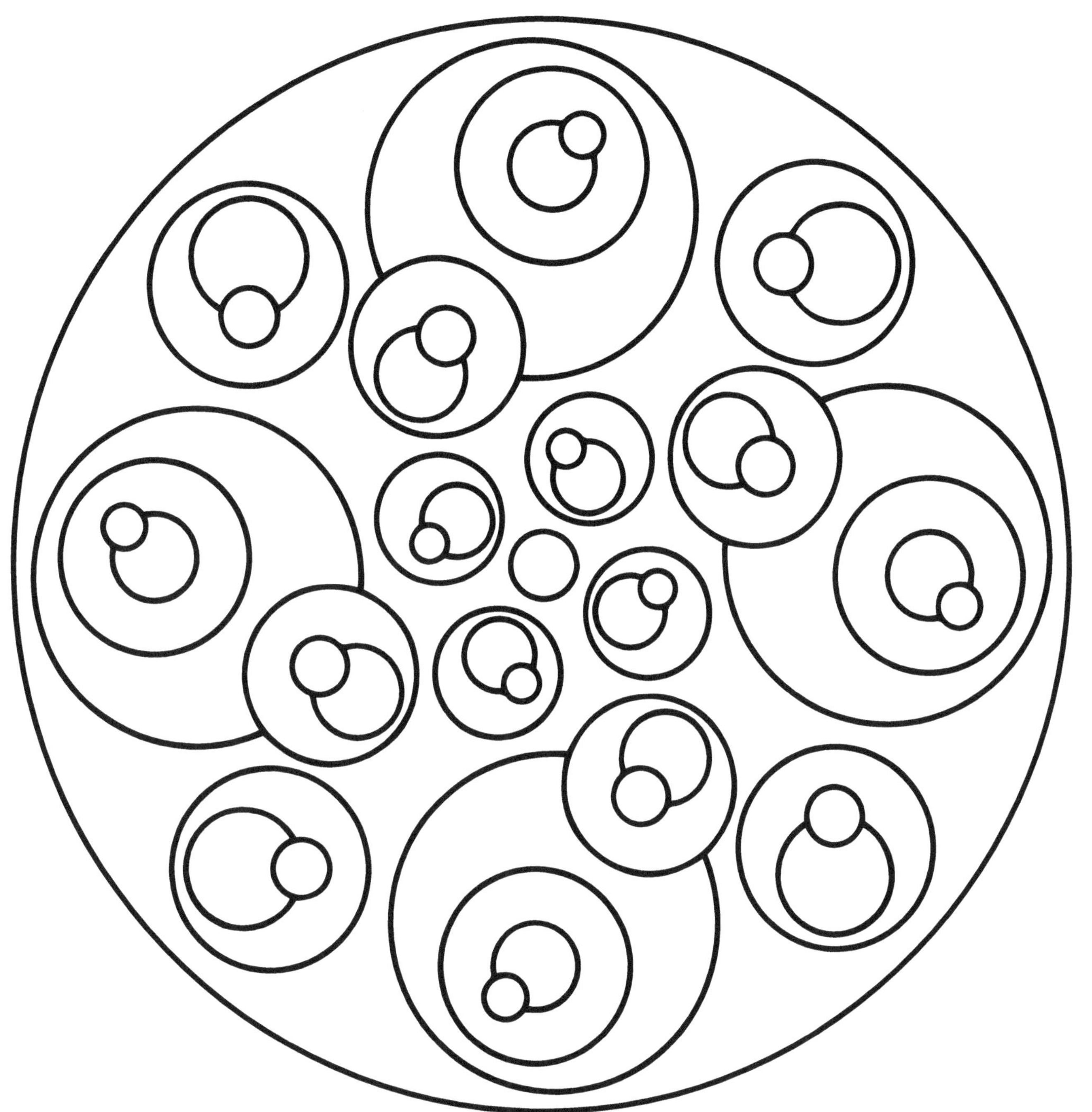

DIE BESTE ZEIT, UM FRIEDEN ZU FINDEN, IST JETZT.

Liebe
Dich!

Ich bin ruhig, zentriert und voller Klarheit.

Now that your eyes are open, make the sun jealous with your burning passion to start the day. Make the sun jealous or stay in bed.

ICH BIN IM EINKLANG MIT DEM RHYTHMUS DES LEBENS.

Der einzige Augenblick, der zählt, ist dieser hier.

Mit jeder
Ausatmung
lasse ich
Anspannung
los.

DAS LEBEN
IST EINE
REISE, KEIN
RENNEN.

Atme tief ein, lass den Stress los und finde Frieden im Moment.